AF229297

L'EMPEREUR

EN ALGÉRIE

PAR

LE MÉTAYER DES PLANCHES

ANCIEN BATONNIER DE L'ORDRE DES AVOCATS DE PONT-L'ÉVÊQUE,
ANCIEN MAGISTRAT,
FONDATEUR DE LA SOCIÉTÉ D'AGRICULTURE DE PONT-L'ÉVÊQUE (CALVADOS).

MAI 1865

ALGER

IMPRIMERIE TYPOGRAPHIQUE ET LITHOGRAPHIQUE BOUYER

L'EMPEREUR

EN ALGÉRIE

—✦—

I

Un sort semble jeté sur le sol de ce magnifique pays. La population européenne ne parvient pas à y prendre racine. Malgré tout ce qui a été tenté jusqu'à ces derniers temps, elle ne dépasse guère le chiffre de 200,000 individus, dont une très-faible partie d'agriculteurs proprement dits. Et pourtant, ce n'est que l'implantation d'une puissante population agricole qui est capable d'assurer la possession définitive d'une colonie, et qui peut dispenser la métropole d'y maintenir des forces imposantes employées à sa sécurité.

Après tous les essais de colonisation, l'Algérie arrive enfin, à travers de nombreuses souffrances et déceptions, à une tentative suprême. Elle en attend le résultat avec espoir et confiance, car un seul homme en est chargé, l'Elu du peuple français. Seul, Il possède assez d'autorité pour opérer d'emblée toute réforme désirable. Il veut et Il peut.

Loin de nous la pensée de préjuger quelles pourront être les résolutions principales de l'Empereur. Nous nous abstenons même de conjectures à cet égard. Tout ce que nous nous permettons, c'est de formuler notre opinion purement personnelle sur quelques détails secondaires assurément, et relatifs à des améliorations partielles, qui, bien que simples en apparence, n'en produiraient pas moins un résultat assez important, et nous paraissent dignes de la haute initiative du Souverain.

II

Les Algériens semblent disposés, la plupart, à croire qu'il suffirait de tracer des villages dans des lieux propices et de vendre la terre à très-bas prix, pour attirer des cultivateurs et pour créer de nouveaux centres européens. Cela pourrait être vrai à l'endroit de quelques localités exceptionnelles ; mais, généralement parlant, nous sommes loin de partager cette espérance. Et voici pourquoi.

Les anciens centres ne se trouvent pas dans une situation assez prospère pour encourager de nouveaux colons à venir y vivre honorablement et fructueusement. On achète à meilleur compte une propriété toute faite qu'on ne crée une propriété nouvelle, et on a l'avantage d'entrer immédiatement en possession d'un terrain plus ou moins mis en culture et planté d'arbres, et d'une habitation riche d'accessoires utiles. Les anciennes propriétés ont englouti beaucoup plus d'argent qu'elles ne valent. S'il se trouve de nouveaux colons qui suivent tout simplement la route prise par leurs devanciers, la route du passé, l'Algérie n'y gagnera rien. Elle doit les détourner de cette voie trompeuse, et leur indiquer la voie normale de la colonisation.

L'essentiel n'est pas de se hâter de créer de nouveaux centres. Il serait même à désirer que la population *nouvelle* se portât de préférence sur les centres déjà existants, afin d'en combler les vides et de leur infuser largement de *nouvelles* forces productives.

L'essentiel, — ce qu'il faut obtenir à tout prix, — *c'est la prospérité des établissements agricoles actuels*, car cette prospérité, ne l'oublions jamais ! est la seule garantie réelle d'avenir et de peuplement pour l'Algérie. Le chiffre de 200,000 habitants n'a pas été franchi, parce qu'elle a fait défaut jusqu'à présent ; mais que les centres de population agricole deviennent compacts et florissants, ils ne manqueront pas de produire des essaims de travailleurs qui vont se répandre dans le pays. Alors, la prospérité des colons plaidera éloquemment en Europe la cause de l'Algérie, et y déterminera un courant sérieux d'émigration vers cette belle contrée.

Dans une contrée aussi richement dotée par la nature, il est impossible qu'il n'y ait pas un moyen de faire jouir le colon d'une prospérité, sinon supérieure, du moins égale à celle qu'il trouve sur le territoire du Nouveau-Monde. Aussi l'Algérie a-t-elle bien raison d'espérer et d'attendre de l'Empereur qu'il découvre et qu'il applique ce moyen. Certes, la tâche est difficile et compliquée, car tout ce qu'il y a de plus laborieux en ce monde, c'est de sortir d'une ornière.

Il faudrait, comme de raison, réparer toutes les omissions dont les colons pourraient avoir à se plaindre. La parcimonie serait hors de propos, parce qu'il ne s'agirait pas seulement de la population présente, directement intéressée, mais il s'agirait surtout de l'avenir, car toute la colonisation est contenue en germe dans le peu qui en a été fait.

Nous évitons les détails qui concernent cet objet. Nous nous bornons à mentionner deux mesures auxquelles nous attachons beaucoup d'importance : — l'exonération du service militaire, — et le transport à toute vitesse et à prix réduits des produits agricoles.

III

L'exonération du service militaire de tous ceux qui se voueraient sans réserve à la culture de la terre, et surtout de ceux qui sont colons, nous paraît être de la plus stricte justice ; car l'agriculteur qui vient se fixer en Algérie est plus utile à la patrie, dans son champ, que dans les rangs de l'armée. Il fait avec ses bras la conquête du sol. Il contribue donc bien davantage à la consolidation définitive de la conquête que le soldat.

IV

A côté de cette mesure que nous sollicitons de l'Etat, il en est une autre qui, selon nous, doit créer une ressource précieuse pour les colons.

Les journaux de l'Algérie se sont déjà préoccupés du transport à grande vitesse et à prix réduits sur la voie ferrée de Marseille à Paris, des légumes provenant de l'Algérie. La possibilité de les faire arriver à temps sur ce marché ouvrirait un nouveau débouché et permettrait de tripler et quadrupler pour le moins la production de ces denrées. L'extension du transport compenserait, et au delà, l'administration du chemin de fer de la concession qu'elle aurait faite en modifiant son tarif.

Ce serait déjà une modification très-grande, mais il ne faudrait pas s'en tenir là ; *il faudrait*, — car c'est possible, — *ouvrir un débouché* ILLIMITÉ *à tous les produits de la culture maraîchère.*

L'importance d'un tel résultat saute aux yeux. Tout agriculteur est un peu maraîcher aussi et trouve un immense avantage à la culture des plantes légumineuses, principalement s'il peut l'exercer en grand. Il dispose alors son assolement en conséquence, ce qui lui permet de tirer de cette culture tout autant de profit pour le moins que de celles du tabac ou du coton ou de n'importe quelles autres cultures, et cela sans préjudice de ces dernières. En Algérie, il en tirera un argent de tous les jours, pendant six mois de l'année ou à peu près, et précisément à une époque de l'année où il n'a pas d'autres récoltes à vendre.

Somme toute, l'agriculteur algérien qui aura un débouché illimité pour ses produits légumineux et à des prix rémunérateurs, ne se trouvera plus dans une position précaire ; il aura l'existence assurée rien que par cette seule culture, qui est la moins chanceuse de toutes. Ses autres récoltes constitueront son bénéfice net. Etant ainsi, comme l'on dit vulgairement, *sur le velours,* ne craignant plus la ruine, si une récolte vient à lui manquer, il sera à même de tenter des systèmes nouveaux et de procéder aux améliorations qui ne portent fruit qu'au bout de longues années. Le gouvernement ne sera plus dans le cas de convier de nouveaux colons à venir prendre leur part de la prospérité de l'Algérie, car ils y viendront d'eux-mêmes en masse. Ce qui semble encore un rêve deviendra soudain la réalité la plus simple.

Il s'agit donc de donner aujourd'hui même à l'Algérie un débouché illimité pour ses produits légumineux et ses fruits ; en d'autres termes, il s'agit de lui procurer les moyens de transport les plus rapides, les plus économiques et les plus sûrs.

Vu l'importance extrême du résultat, l'organisation de ce transport devient chose d'utilité publique, et le service qui s'y rattache incombe à l'Etat, tout comme celui de la poste. Et l'Etat, qui n'aurait pas à se plaindre, lors même qu'il entreprendrait une opération onéreuse pour obtenir un résultat considérable en ce qui concerne la colonisation africaine, — l'Etat ne court pas même de risque ; il en sera quitte pour donner rien que ses soins, et tout au plus, pour une légère avance pendant les premières années, qui ferait retour dans les suivantes, par suite de l'accroissement progressif de la quotité des envois qui lui seraient confiés.

Et pourquoi ce service ne peut être fait que par l'Etat ?

Parce qu'il n'y a que l'Etat qui puisse s'en charger sans chercher à y réaliser des bénéfices ;

Parce qu'il n'y a que l'Etat qui puisse obtenir les conditions les plus réduites de la part des Compagnies de navigation et de celles de chemins de fer.

Il n'y a donc que lui qui soit capable d'atteindre les dernières limites du bon marché.

Lui, qui commande à toutes les administrations publiques, est encore le seul qui ait le pouvoir de supprimer et d'empêcher les retards de débarquement, de douane, de transbordement, etc., etc., et qui puisse faire parvenir un colis au lieu de sa destination, tout aussi rapidement qu'une lettre. Il est aussi le seul qui inspire une confiance absolue au public.

Par ces diverses raisons :

On devrait organiser un service de messageries à grande vitesse, qui, de n'importe quelle gare ou port d'embarquement des bateaux-poste, en Algérie, transporterait les colis à destination soit du port de débarquement, soit de n'importe quelle gare du chemin de fer en France.

Si nous n'ajoutons pas même ces mots bien simples : *et réciproquement*, et si nous gardons le silence sur d'autres détails de ce service, c'est parce que nous avons à nous borner en ce moment à la recherche d'un débouché pour les produits algériens.

On nous objectera peut-être que l'Etat ne doit pas se charger du service des messageries. Et pourquoi pas ? Il s'en charge bien en Suisse, en Allemagne et même en Russie ; et loin d'y perdre, il y trouve une source de revenus, tout en procurant un très-grand avantage au public. En Allemagne même il se réserve le monopole du transport d'objets ne dépassant pas 15 ou 20 kilogrammes. Dans tous ces pays-là le service de messageries est confondu avec celui de la poste. On met à la poste un colis quelconque, par exemple, un ballot de marchandises, comme on y mettrait une lettre. L'expéditeur peut *re-commander* ou *charger* son envoi tout comme une lettre ; il peut, en outre, en déclarer la valeur et l'assurer contre tous risques ; il peut encore, du moins en Allemagne et en Suisse, l'envoyer *contre remboursement* par le destinataire ; la poste se charge donc du recouvrement qu'elle effectue à la remise de l'objet.

Est-ce que la France n'en pourrait pas faire autant et aussi bien, même mieux, surtout lorsqu'il y a un aussi puissant intérêt ?

Est-ce que la France ne pourrait pas réduire le prix de transport jusqu'à la dernière limite possible, du moins pour les produits alimentaires, qui ne sauraient supporter un tarif élevé ?

Pourquoi ne le pourrait-elle pas ?.....

Lorsque les denrées légumineuses algériennes seront en état, à l'aide de la vapeur, d'être rendues à Paris et remises à leurs destinataires, ou bien vendues à la criée le troisième jour qui suivra leur embarquement, sauf retard de navigation, bien entendu, l'Afrique française commencera à entrer dans une nouvelle phase de son existence.

V

Un patronage intelligent, exercé en faveur des colons et de ceux qui aspirent à le devenir, compterait aussi parmi les forces bienfaisantes venant à l'appui de la colonisation.

Ce patronage, qui ne peut être inspiré que par un dévouement au bien public, est essentiellement du ressort des particuliers. Mais pour qu'il se produise dans toute sa force — la France est ainsi faite — il conviendrait que le pouvoir sût le provoquer et le mettre en mouvement.

L'Algérie compte assez de propriétaires qui ont de vastes domaines, des fermes considérables. — Il y a des terres que leur étendue même a contraint le possesseur de laisser improductives dans ses mains.

Ces détenteurs du sol, qui sont les seigneurs d'aujourd'hui, devraient se faire un devoir de protéger leurs voisins, les petits cultivateurs, colons modestes, en établissant avec eux, avec leurs locataires, leurs fermiers, des rapports de tous les instants et une heureuse communauté. Que de bienfaits ne pourraient-ils

pas répandre sur la demeure de l'humble et courageux ouvrier de la terre ! Les conseils, les exemples, la sympathie, le concours ! On les appellerait les patrons, la providence de l'homme des champs !!

Ils ne devraient rien épargner, ni soins, ni avances, pour avoir partout des voisins, pour en augmenter le nombre et les engager à la culture du fonds en friche, et même, faute de places à occuper à côté des terrains cultivés, ils devraient leur en distribuer certaines portions, et leur en transférer la propriété pour se les conserver et les empêcher de quitter, s'ils y étaient établis. Ils le doivent, car leur position oblige.

D'un autre côté, leur intérêt bien entendu les y convie. Leurs terres n'ont de valeur qu'en raison directe de la population européenne qui les avoisine et de la main-d'œuvre qu'on peut en obtenir. Or, ce n'est que la petite propriété qui crée une main-d'œuvre habile. Ils se trouveront donc beaucoup plus riches en possédant un peu moins de terre et en ayant à leur portée de petits cultivateurs.

Les associations, n'ayant que le bien public pour mobile, pourraient aussi pratiquer un patronage aussi notable qu'utile. Elles devraient s'occuper des agriculteurs immigrants à leur début, les accueillir à leur arrivée, leur fournir tous les renseignements possibles, fruit d'une longue expérience, et toutes les indications pour les guider dans le choix d'un emplacement avantageux ; elles devraient prêter leur concours à tous, sans distinction aucune, même aux plus aisés, car il est d'un intérêt capital pour l'Algérie que tous réussissent dans leurs entreprises. — Son avenir est à ce prix.

L'activité de pareilles associations peut s'exercer de mille manières différentes, par exemple, en facilitant à leur clientèle l'écoulement de ses produits, en lui procurant des capitaux à bon marché, pour faire face à des dépenses urgentes et productives, etc., etc. Grâce à cette intervention généreuse, les forces et les ressources du sol se développeront, et l'Algérie déploiera à la fois le luxe de sa richesse et le luxe de sa beauté.

Tous les corps constitués, conseils communaux, cantonaux, départementaux, en un mot, toutes les assemblées qui représentent un intérêt local, devraient aussi fonctionner comme association de patronage ; car la généralité des cultivateurs est on ne peut plus intéressée à ce que la colonisation avance et à ce que tous les colons aient un succès heureux. Ces derniers ne sont pas pour eux des concurrents qui viennent diminuer leurs bénéfices, mais des auxiliaires précieux. Aussi tout essai de patronage ne saurait-il manquer d'être populaire, — popularité qui n'est pas à dédaigner pour des assemblées électives, censées représenter le peuple même.

Les grandes Compagnies industrielles qui ne sont pas tenues au dévouement, et qui, tout absorbées par les oin de procurer à leurs actionnaires de beaux dividendes, ne peuvent pas même en faire, pourraient bien néanmoins, en une foule de cas, s'adonner jusqu'à un certain point au patronage, sans préjudice des intérêts qu'elles ont mission de sauvegarder. Elles le pourraient même avec avantage.

Par exemple, les Compagnies qui sont chargées de grands travaux publics, quel utile patronage n'exerceraient-elles pas dans la colonisation, si elles réservaient de préférence aux colons tout le travail dont ils pourraient se charger ?

L'Etat peut ausi prêter un puissant appui à la colonisation, en répartissant, en plusieurs années, une partie du moins des travaux publics à l'intérieur du pays. L'ouvrier employé à ces travaux serait à même de s'établir à proximité et d'employer ses épargnes à améliorer petit à petit le lot de terre sur lequel il se serait fixé, et qui lui procurerait des moyens d'existence assurés, lorsque surviendrait la cessation du travail qui l'aurait attiré.

Que l'État vienne en aide aux colons pour leur faciliter les moyens de réussir, en leur laissant toutefois le soin de développer virilement leur intelligence, leur travail et leur fortune ! Qu'il fasse rayonner pour eux, dans toutes les directions, la vie et la lumière, afin que la colonisation naissante soit fille de ses œuvres et de sa bienfaisante influence !

VI

Qu'il nous soit permis d'entretenir le lecteur d'un moyen que l'on pourrait tenter, avec succès peut-être, pour introduire en Algérie un certain nombre de travailleurs. Nous n'osons cependant pas porter ce moyen en ligne de compte, n'étant point suffisamment édifiés sur la possibilité de le mettre en pratique.

Dans ce moment-ci où la race noire, tout récemment

émancipée en Amérique, se trouve libre , mais sans aucun espoir d'obtenir jamais une position satisfaisante dans ce pays imbu d'un préjugé implacable contre tous les hommes de couleur, il serait peut-être sage, et surtout *de très-bonne politique*, de faire un chaleureux appel à ces nouveaux affranchis.

Il ne faudrait pas se bercer de l'illusion qu'ils puissent de sitôt devenir colons propriétaires ; mais ils n'en seraient pas moins d'excellents ouvriers possédant des qualités précieuses. Ils se recommandent par leur docilité et par la connaissance pratique des cultures méridionales, de celles précisément qu'il conviendrait d'introduire en Algérie. Ils sont très-sensibles aux bons procédés, et adoptent facilement les mœurs de leurs maîtres. Ils sont chrétiens, et pour peu qu'on s'occupât de leur instruction, la génération nouvelle ne tarderait pas à adopter la langue et les idées françaises.

Par suite de l'attraction qu'ils exerceraient sur les gens de leur race, ils ne manqueraient pas d'en faire des prosélytes, au point de vue de la civilisation.

Une fois devenus Français, et ne craignant pas le climat le plus torride, ils seraient incomparablement propres à peupler le désert et à utiliser les forages artésiens qui commencent à y venir bien ; et peut-être seraient-ils appelés un jour à être l'avant-garde de la France pour pénétrer au cœur de l'Afrique.

VII

Il est à espérer sans doute que la présence de l'Empereur, tout en assurant à l'Algérie une amélioration générale, portera remède aussi aux souffrances particulières des diverses localités urbaines.

La population française de la plupart des villes s'y est établie à la suite de l'administration et de l'armée ; on y a construit pour l'industrie et le commerce, qui furent attirés par la présence des fonctionnaires, et surtout par celle de la troupe.

Mais il arriva qu'en suite de la réduction de l'effectif africain et de la nécessité de transporter ailleurs les troupes, certaines localités se trouvèrent entièrement dégarnies, ou à peu près ; et alors, privées de leur ressource principale, elles entrèrent dans un état de langueur voisin du dépérissement. Telle est, par exemple, en ce moment, la position de Blidah et de Moustapha-Inférieur, près d'Alger.

On ne peut certainement pas subordonner la répartition des troupes aux intérêts de telles ou telles localités. Mais ne serait-il pas possible de procurer une compensation quelconque à celles qui sont menacées d'un déclassement complet? Le gouvernement ne pourrait-il pas y attirer quelque grande industrie pour remplacer une armée de soldats par une armée d'ouvriers? S'il ne s'agissait que de concéder à cet effet les casernes délaissées, le sacrifice ne serait pas trop grand, en proportion du but à atteindre; ou bien, ne pourrait-on pas donner à ces constructions quelque autre destination d'utilité publique, en faire, par exemple, une succursale de l'hôtel des Invalides, ou bien une école militaire, ou toute autre chose, et, en dernier cas, les vendre à n'importe quel prix, plutôt que de les garder désertes? car un acquéreur finirait peut-être par les faire habiter.

VIII

Les travaux publics sont intimement liés à l'avenir de l'Algérie. Nous n'avons pas la prétention d'en faire un exposé complet. Tout en gardant pour un autre temps d'autres études à ce sujet, nous nous bornons à quelques observations sur les grands travaux suivants qu'il y aurait à entreprendre à Alger, savoir :

1° Résidence impériale et palais du Gouverneur ;

2° Siége de la division et gare militaire.

RÉSIDENCE IMPÉRIALE.— PALAIS DU GOUVERNEUR.

—

L'insuffisance de la construction qui sert à loger le Gouverneur est notoire. L'importance d'un monument qui répondrait dignement à sa destination est hors de doute.

L'Empereur n'hésiterait pas à faire une nouvelle visite à Alger, lors même qu'Il n'y trouverait pas une maison fastueuse ; mais une résidence impériale serait en quelque sorte une promesse, que tout le monde saurait apprécier. Elle serait aussi une démonstration importante en faveur de l'Algérie.

Il faut que la résidence impériale jouisse de la vue du port et de la rade. Elle ne doit pas être moins bien partagée, sous ce rapport, que les maisons du boulevard de l'Impératrice. Il faut aussi qu'elle possède un emplacement très-vaste, afin d'être susceptible de recevoir les agrandissements que l'avenir peut lui réserver.

Passons sur ces conditions élémentaires.

En voici deux autres tout-à-fait spéciales qu'il serait à propos de lui donner.

Le niveau de cette résidence devant être nécessairement plus élevé que celui du chemin de fer, elle pourrait avoir, dans son sous-sol, une gare exclusivement destinée à l'usage de ses hôtes, et reliée, à l'aide d'un embranchement, à la voie ferrée. Les avantages d'une telle disposition sont incalculables, non-seulement au point de vue de l'agrément, mais encore au point de vue de la rapidité et de la facilité des communications du service militaire, ainsi que du service civil. — Ces deux services ne pourraient qu'y gagner immensément, puisque, sur les ordres de l'Empereur ou du Gouverneur, toute personne irait et viendrait à l'heure même, et sans que qui que ce soit pût en avoir connaissance.

Il importerait que cette résidence eût une sortie directe et un passage particulier pour descendre sur le port. — Ce passage devrait être établi de manière à se trouver au-dessus de la voie ferrée et au-dessous de la voie publique.

Un emplacement répondant à toutes ces conditions-là ne serait pas au centre de la ville, mais est-ce là un inconvénient ? Le trajet jusqu'à l'autre extrémité d'Alger, la porte Bab el-Oued, est-il donc si considérable ? Et puis, n'oublions pas que le point central d'une ville, mathématiquement parlant, n'est pas toujours son centre de gravité. Il serait fort indifférent, du reste, que le palais fût un peu moins à portée de quelques quartiers de la ville. En revanche, il serait plus à portée de la province, de tout le pays même ; ce qui est un avantage de premier ordre.

Lors même que, pour satisfaire à toutes ces conditions, il faudrait placer la résidence impériale à l'endroit où est assis actuellement le fort Bab-Azoun, nous n'y verrions pas le moindre inconvénient. Cette résidence souffrirait assurément dans le cas où Alger viendrait à être attaqué ; mais il ne le sera jamais. Ses fortifications peuvent bien être une démonstration utile, mais elles ne verront jamais le feu de l'ennemi. Alger aura toujours la paix, parce qu'il est prêt à la guerre, et il n'en sera pas moins prêt, lorsqu'il aura un palais impérial situé à l'endroit le plus exposé.

GARE MILITAIRE. — SIÉGE DE LA DIVISION.

Nous entendons par là une gare qui n'aurait rien de commun avec les gares de voyageurs, et qui même ne devrait pas être traversée par la voie, mais qui lui serait reliée par un embranchement, et cela pour beaucoup de raisons faciles à comprendre ; entre autres, pour celle-ci, qu'elle ne peut être destinée à desservir qu'un très-grand établissement militaire, occupant un espace immense qu'on ne trouve pas toujours facilement aux abords du chemin de fer.

Il est nécessaire que cette gare soit placée au point de concentration des forces militaires de la province, et de tous les services et manutentions militaires dont la centralisation se trouverait facilitée par l'établissement d'une gare spéciale.

Elle serait donc placée dans une vaste enceinte, contenant des casernes de toutes les armes qui composeraient un camp central. Cette enceinte contiendrait, en outre, des entrepôts et des magasins de tout ce qui est indispensable à une armée. La place du commandant de la division serait nécessairement là.

La gare serait pourvue d'un matériel roulant, répondant aux exigences du service militaire. Elle pourrait, sans beaucoup d'inconvénient, emprunter les locomotives, et même une partie des wagons, à l'administration du chemin de fer. Mais elle devrait posséder, en nombre suffisant, tous ceux qui sont spécialement adaptés à chaque genre de service, et elle le devrait, lors même qu'il lui serait possible d'en emprunter d'analogues ou à peu près.

Les avantages d'une pareille organisation sont évidents au point de vue de l'administration militaire; ils le sont encore plus sous le rapport de la mobilité des forces cantonnées dans le camp central, et qui pourraient toujours, sur un ordre arrivé à l'improviste, se trouver instantanément embarquées et prêtes à rouler sur le chemin de fer.

Nous croyons qu'on finira par établir des gares purement militaires dans tous les pays du monde, surtout dans ceux qui tiendront à réduire leur effectif, et qui, par conséquent, devront rechercher les conditions de la plus grande mobilité d'une armée.

De pareils établissements militaires sont beaucoup moins coûteux à créer en Algérie que partout ailleurs, et présentent une utilité d'autant plus grande, que l'armée peut toujours avoir des ennemis intérieurs à combattre, au moment où elle s'y attend le moins.

Chaque province devrait être pourvue d'un grand établissement militaire de ce genre. Celui de la province d'Alger trouverait difficilement un emplacement plus favorable qu'à Mustapha-Inférieur.

L'espace occupé par les casernes, le parc à fourrages et la gendarmerie, serait probablement suffisant, et il est susceptible d'être encore augmenté par l'adjonction des terrains appartenant au génie militaire, et qui n'ont pas encore été utilisés. Les difficultés d'exécution de l'embranchement du chemin de fer ne seraient pas considérables, lors même qu'on voudrait éviter de le tenir à niveau de la voie publique, ce qui serait préférable de tout point, surtout si le palais impérial devait aussi être pourvu d'une gare.

L'établissement d'*un marché spécial du chemin de fer* serait encore prématuré dans ce moment-ci ; mais il nous semble être d'une sage prévoyance de lui réserver un emplacement.

Voici comment nous le comprenons :

Ne pouvant pas être placé dans un point central de la ville d'Alger, il serait établi bien plutôt en vue de la vente pour l'exportation que pour la consommation locale. Il serait donc à peu près indifférent qu'il se trouvât soit en dedans, soit en dehors des fortifications.

Mais, par contre, il importerait beaucoup qu'il fût organisé de manière à économiser le temps et l'argent des colons y envoyant leurs produits. Les wagons y arriveraient et se rangeraient sur une ou plusieurs lignes droites ou circulaires, peu importe. Dès qu'ils se trouveraient en place, les acheteurs seraient admis. Le wagon deviendrait boutique ambulante. Il servirait ensuite à transporter au lieu d'embarquement ou bien dans les entrepôts qui l'avoisinent, les produits achetés pour l'exportation.

IX

Quelques mots encore sur l'extension de la ville d'Alger. Nous ne serions pas trop d'avis que les autorités en prissent l'initiative, pour le moment du moins. Le mouvement de colonisation, que tout le monde espère, provoquéra bien plutôt l'agrandissement des petites villes, touchant à la voie ferrée, que celui d'Alger même, dont le tour viendra ensuite. Et ce n'est un mal pour personne, pas même pour les propriétaires de ce chef-lieu, qui ne feraient que gâter leur position en construisant plus que les besoins du moment ne le comportent. Qu'Alger se borne donc à rester tel qu'il est, et qu'il ne songe à agrandir son enceinte que plus tard.

C'est surtout du côté de l'Agha et de Mustapha qu'il ne conviendrait pas de reculer la ligne de fortifications, et cela précisément à cause de l'importance que le chemin de fer, une fois achevé, va donner à cette partie de la ville et à ses faubourgs.

Nous tenons pour beaucoup plus sage de réserver cette question jusqu'au moment où l'effet qu'on attend sera connu. De la sorte on aura la certitude de ne pas prendre de mesures sur lesquelles il y aurait à revenir ; — de ne pas faire trop ou trop peu.

X

L'Algérie est une terre qui se prête merveilleusement aux expériences. Le Gouvernement pourrait s'y adonner, sans engager le moins du monde la métropole, et peut-être en recueillerait-il un enseignement précieux, en ne s'exposant qu'à un très-faible inconvénient, dans le plus mauvais cas.

Il en est un entre autres, — nous abordons d'abord la catégorie la plus délicate, — il en est un, disons-nous, qui ne présenterait pas le moindre risque, vu cette circonstance que la politique ne possède pas le privilége d'émotionner qui que ce soit dans le pays. On ne s'y intéresse qu'aux affaires locales. Les gens appartenant à n'importe quel parti, et professant n'importe quelle opinion, déposent toutes leurs passions en mettant le pied sur la terre d'Afrique. Personne ne se doute même de la nuance à laquelle ses amis appartiennent, et ne sait peut-être pas au juste s'ils en ont vraiment une. C'est donc un pays où la presse ne saurait présenter pas même l'ombre d'un danger. S'il lui arrivait de faire de la politique, elle s'exposerait à ne pas avoir de lecteur du tout.

Donc, si, à titre d'expérience, l'on accordait à la presse algérienne la plus grande latitude, elle n'en abuserait certes pas, politiquement parlant, par la raison toute simple que l'indifférence du public l'empêcherait de s'en occuper trop vivement. Elle se bornerait à discuter plus librement les affaires locales. L'expérience ne serait donc pas dangereuse, et probablement elle donnerait les résultats les plus désirables pour l'autorité elle-même.

Il est une chose que tout le monde, en Algérie, souhaite unanimement, et qui se formule en un vœu que chacun répète à mi-voix, et que voici :

« Pourvu que l'Empereur apprenne toute la vérité! »

L'Empereur n'est certainement pas moins désireux de la connaître.

La presse pourrait donc rendre, sous ce rapport, des services incalculables. Il y a tout à gagner et rien à risquer à lui donner les coudées franches sur la terre d'Afrique, et même à encourager son franc-parler.

XI

Une autre expérience importante pourrait être tentée en faveur de la décentralisation. Les motifs particuliers qui militent en sa faveur sont ceux-ci. — Nous omettons à dessein les considérations générales sur lesquelles s'appuyent tous les partisans de ce système.

Le besoin de la décentralisation se fait bien plus fortement sentir dans un pays nouveau où tout est à créer, que dans une société dont l'organisation est complète. L'initiative des particuliers qui ont à lutter contre les difficultés d'un premier établissement, acquiert une très-grande énergie. Si les institutions ou règlements ne lui donnent pas les moyens de se constituer en force collective, et de se produire sous la forme d'assemblées communales, cantonales ou départementales, cette énergie devient une force inemployée et perdue pour le corps social, et, en si vaste matière, au détriment de la colonisation.

Nous n'affirmons pas précisément qu'une autorité qui ne saura pas utiliser cette force, ne pourra réussir en rien. Loin de nous des idées si exclusives. Nous admettons parfaitement qu'elle puisse même faire de grandes choses; mais nous tenons pour certain qu'elle péchera néanmoins par omission, et qu'elle n'accomplira qu'une partie de ce qu'elle aurait pu accomplir.

Comme ce serait dommage !

La décentralisation serait vraiment une expérience, car la France n'en a jamais joui sérieusement ; et cette expérience ne saurait être tentée nulle part avec plus d'avantage qu'en Algérie.

<h2 style="text-align:center">XII</h2>

Il est encore une infinité d'autres essais que l'on pourait tenter très-utilement, et qu'il serait peut-être imprudent de vouloir appliquer à la France avant d'en avoir préalablement fait une épreuve.

Sans être partisan, le moins du monde, du régime en vigueur dans le territoire militaire algérien, nous avons été frappé d'un argument en sa faveur, ne provenant pas du tout de source officielle.

Un négociant, qui n'avait même jamais fait partie de l'armée, nous affirmait qu'il aimait beaucoup mieux vivre en territoire militaire qu'en territoire civil. — Pourquoi ? — (Que les officiers ministériels près les tribunaux se tiennent bien !) A cause de la manière de procéder en justice.

En territoire civil, nous disait notre interlocuteur, pour la moindre contestation, il faut faire des avances considérables et perdre un temps infini, au risque d'en être pour les frais, tout en gagnant, lorsqu'on a une partie adverse peu solvable; ce qui équivaut surtout à une impossibilité absolue d'obtenir justice. Mais en territoire militaire, *lorsque j'ai raison*, je suis sûr d'obtenir immédiatement justice, sans bourse délier. Les officiers mènent si rondement les affaires, que c'est un plaisir, et, grâce à eux, l'on se sent vraiment protégé par la société.

Cette appréciation très-sincère d'un homme profondément convaincu de ce qu'il disait, nous semble un réquisitoire assez concluant contre les complications très-souvent inutiles, les lenteurs malheureuses de la procédure.

Nous ne proposerions pourtant pas de confier l'administration de la justice aux militaires, ni même d'adopter leur procédure expéditive. Nous pensons qu'on pourrait néanmoins s'en rapprocher de beaucoup, et garantir celui qui a pour lui le bon droit du risque de perdre tout, en gagnant.

Ce doit être un grand sujet de méditation pour ceux qui disposent du pouvoir. Il y aurait un enseignement important à recueillir dans l'étude des législations des petits États, des cantons suisses surtout; on y verrait à quel point le législateur s'occupe de tout simplifier.

Si des essais d'amélioration en ce sens pouvaient être tentés en Algérie, il faudrait seulement établir par décret impérial de nouvelles dispositions sur les matières à réformer, et l'épreuve faite, on pourrait rendre obligatoire pour toute la France ce que l'expérience aurait démontré bon et irréprochable.

Mais, à propos de cette excellente opération dont on peut d'avance exalter les résultats, nous ne pouvons nous empêcher de dire que la réforme du régime hypothécaire, ou de la conservation des hypothèques, nous paraît également digne de l'attention spéciale du législateur. Là encore, il y a beaucoup de choses à faire.

Quelle belle et noble tâche que de prendre sa part des réformes sollicitées par la France entière, en s'occupant de la rédaction d'un code destiné à rendre de si grands services!

Un code simplifié, laissant des bienfaits pour l'Algérie, des jalons pour la France, serait accueilli par la reconnaissance universelle; et son auteur acquerrait par là une popularité immortelle, car il réaliserait une idée vraiment démocratique.

Est-ce que l'Algérie ne peut être pour lui une occasion et un moyen d'accomplir cette grande chose?

XIII

Nous n'oublions pas, non plus, que l'Algérie espère une modification dans les tarifs de tonnage et de droits d'entrée ; mais nous déclinons notre compétence pour traiter ce sujet important.

Nous nous bornons à exprimer le vœu que la réforme la plus radicale, en fait de droits d'entrée, soit mise à l'étude, — réforme qui consisterait à déclarer *toute l'Algérie port franc.*

Le sacrifice du revenu net des douanes serait-il ou ne serait-il pas compensé par l'extension du commerce et par le surcroît d'aisance qui s'ensuivraient ?

Les revenus indirects de l'Etat augmenteraient-ils suffisamment pour l'indemniser de la suppression d'une branche de revenu aussi important ? ou bien, quels autres moyens pourrait-on adopter, afin de rétablir l'équilibre du budget ?

Et si, en définitive, cette mesure amenait à un sacrifice, l'Etat serait-il indemnisé par l'impulsion que cette mesure donnerait à la colonisation ?

Telles sont les questions que nous nous bornons à poser, sans nous hasarder à conclure.

Il est certain que l'établissement d'un ou plusieurs tronçons de chemin de fer, arrivant jusqu'à la limite méridionale de l'Afrique française, devrait coïncider avec cette mesure qui peut produire un grand et salutaire effet.

XIV

La présence de l'Empereur en Algérie ouvre carrière aux plus vastes espérances. Elles ne manqueront pas de se réaliser, — si la vérité arrive jusqu'à Lui.

Alger, le 14 mai 1865.

LE MÉTAYER DES PLANCHES.

FIN.

Alger. — Imprimerie et Lithographie BOUYER, rue Charles-Quint, 5.